SCHWAIG 30.10.92

VIELEICHT HILFT DIESES BUCH BEI BESTEHENDEN UND BEVORSTEHENDEN KRISEN IM WEISSEN KITTEL.

KLAUS

Photo Ludovic Serre

BEFUND

Herr Claude Serre, der vor einer Woche zur Beobachtung eingeliefert wurde, weist deutliche Anzeichen von Verhaltensstörungen auf, die krankhaftem Graphismus zuzurechnen sind.

Er gibt an, schon früher unter Symptomen gelitten zu haben, die wir folgenden Krankheitsbildern zuordnen:

1. In der Zeit um 1959, als er bei Max Ingrand arbeitete, handelte es sich ohne Zweifel um eine Bleifensterrose, eine Art Gürtelrose, die bei Nichtbehandlung zwangsläufig zu Neurosen führt, noch erschwert durch Rückfälle.
2. Eine zugespitzte Porzellanitis hätte ihn 1955 schon beinahe zerschlagen.
3. Von 1963 an litt der Patient an steten Pressezeichnungsvergiftungen, die ihm auf die Galle schlugen.
4. Illustrationen immer größeren Ausmaßes führten bald zu einer überzeichneten Paranoia.
5. Als Nebenerscheinung einer überhöhten Dosis an Galgenhumor und infolge der Verspritzung allzu scharfer Mittel, die man ohne weiteres als giftig bezeichnen kann, leidet der Patient an einer neuen Rosenkrankheit, der Sklerose der Wangenmuskulatur, die seinen Mund zu einem ewigen Lächeln verzieht.

Zusätzlich ist eine Alkohol- und Tabakvergiftung festzustellen, die der Patient wider jeden ärztlichen Menschenverstand auf den täglichen Genuß von 4 Litern Chinatusche und 25 rauchigen Bleistiften zurückzuführen weiß.

Aus seiner Kindheit ist ihm noch in Erinnerung, daß er schon mit 9 Jahren seine Fieberträume zu Papier brachte. Heute unterhält er mit seiner Frau drei Kinder und mit seinem Verleger ein sado-masochistisches Verhältnis, da er von diesem bei Anfällen graphischer Zwänge nicht etwa ein gesundes Honorar, sondern nur gelegentlich und mit Vorsicht ein paar Urheberrechte verabreicht bekommt.

Die klinische Untersuchung ergibt, daß die Ausflüsse recht ätzender Tusche in regelmäßigen Abständen dem Patienten eine Lebensnotwendigkeit sind.

Nach 8 Tagen Beobachtung in meiner Abteilung habe ich den Patienten zur Entbindung vom vorliegenden Buch überwiesen.

gez. Professor Dr. Lachmal, weil's gesund ist.

SERRE

WEISSE KITTEL - LEICHT GESCHWÄRZT

Glénat

Die französische Originalausgabe erschien unter dem Titel « Humour noir et hommes en blanc » bei Editions Glénat, Grenoble

Neue deutsche Ausgabe 1986. Printed in France by Pollina, n° 14303 - November 1991
Layout Georges Lacroix
Vorwort : Übersetzung B. Coudurier. ISBN 3-928731-09-2

OPERATIONSSAAL

Chirurgie

NOTAUFNAHME
SERRE

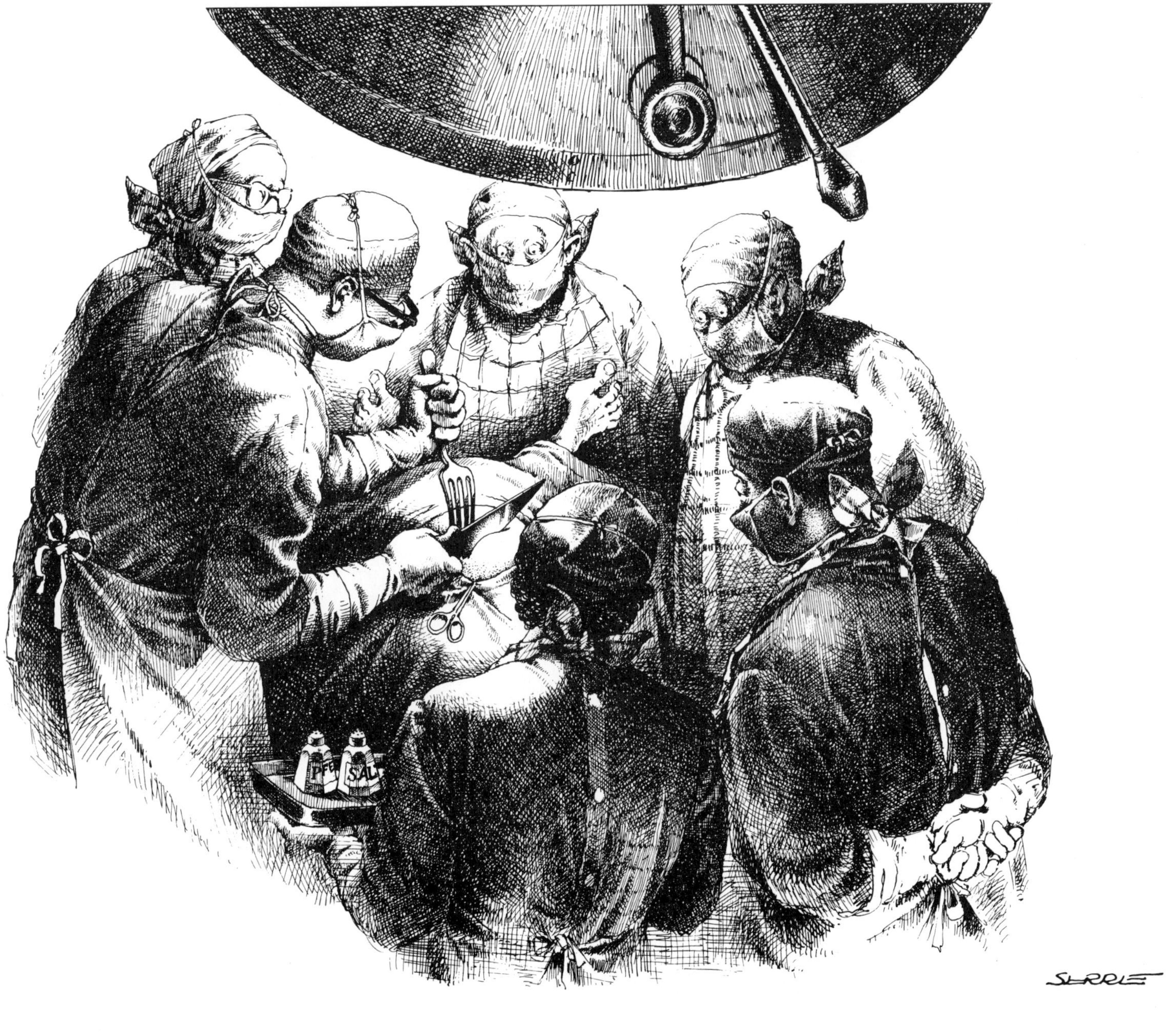
SERRE

AUSGANG
EINGANG
H
SERRE

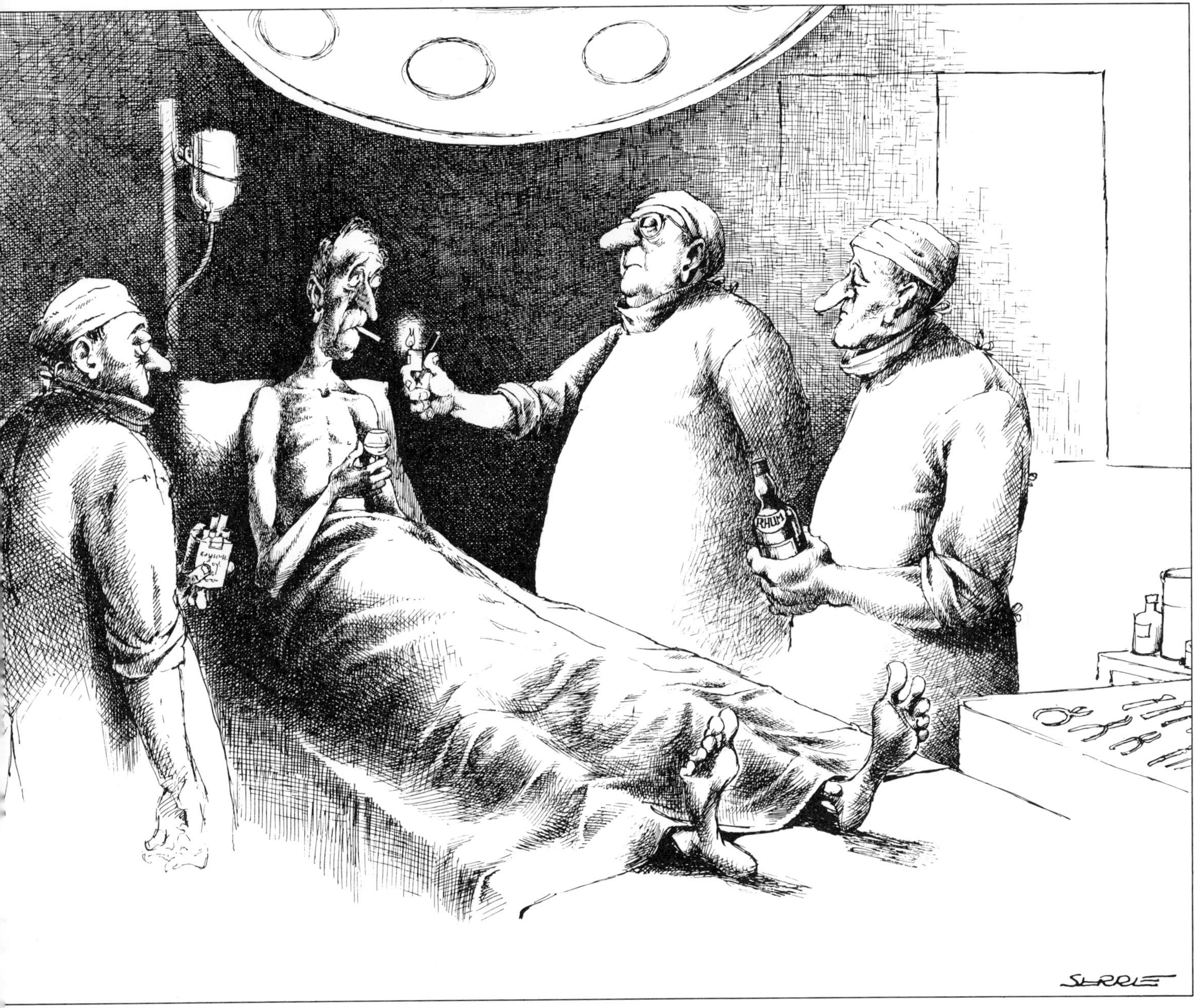
RHUM
SERRE

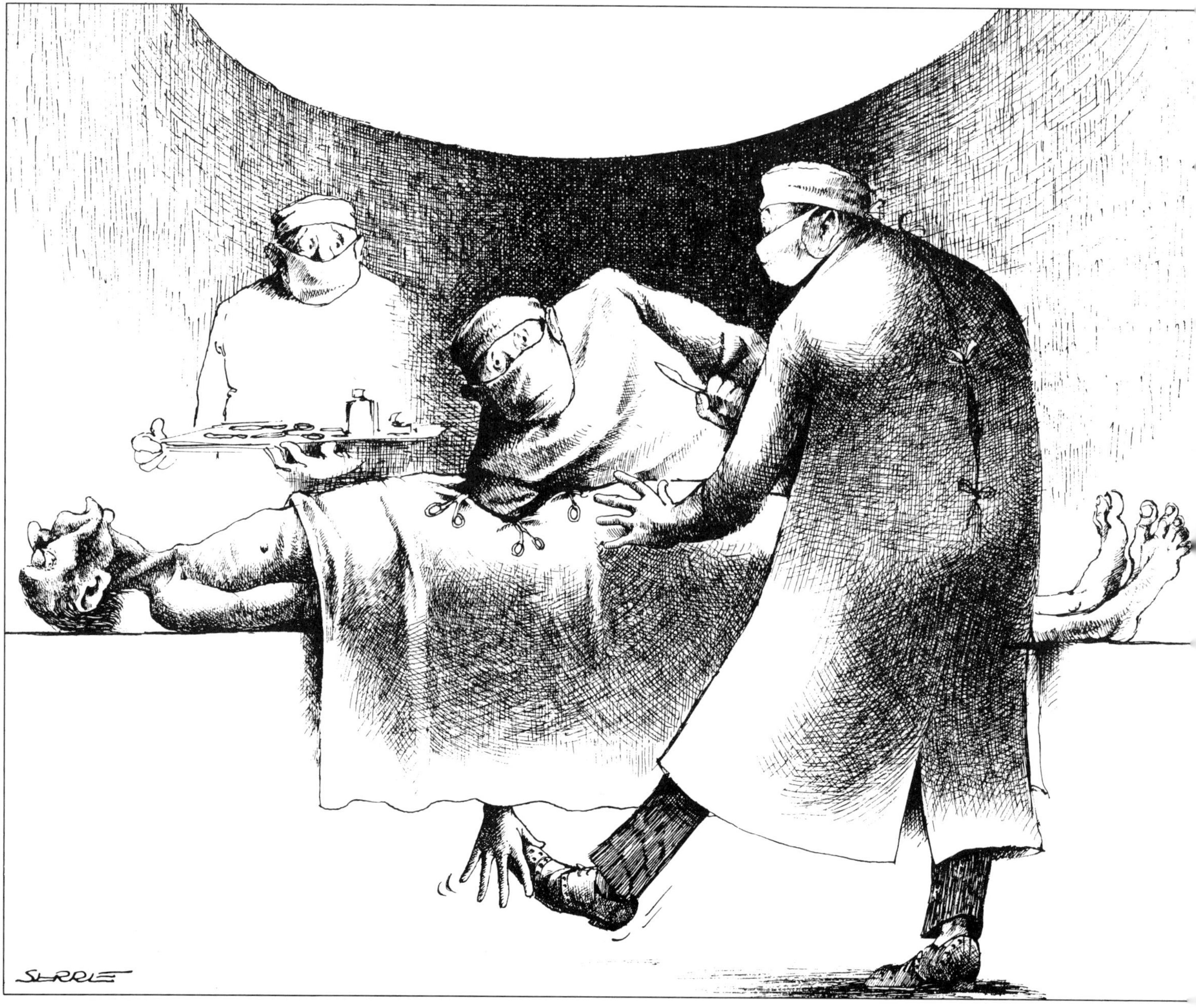

SEARLE

SERRE

DIPLOM
CHIRURGIE

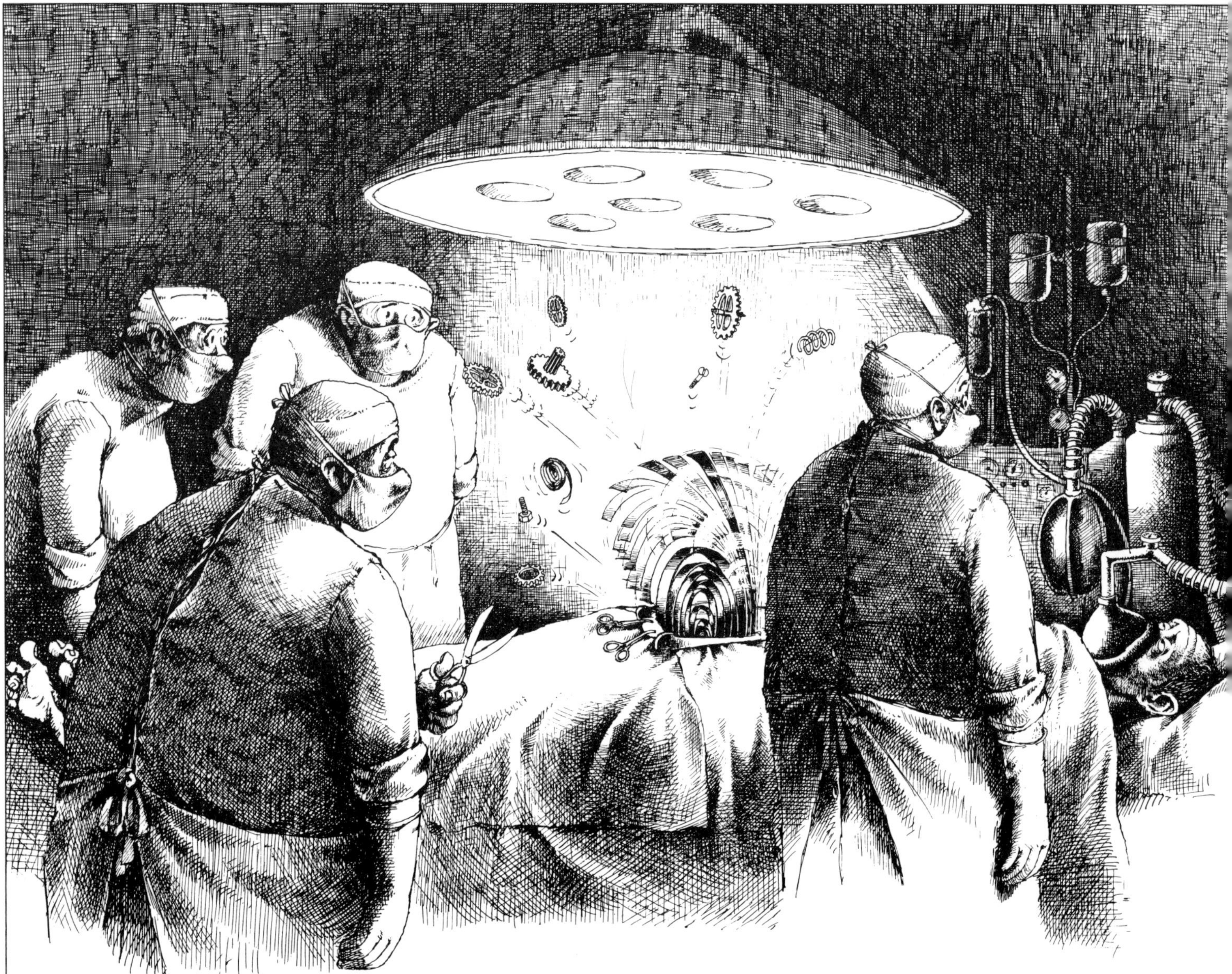
SERRE

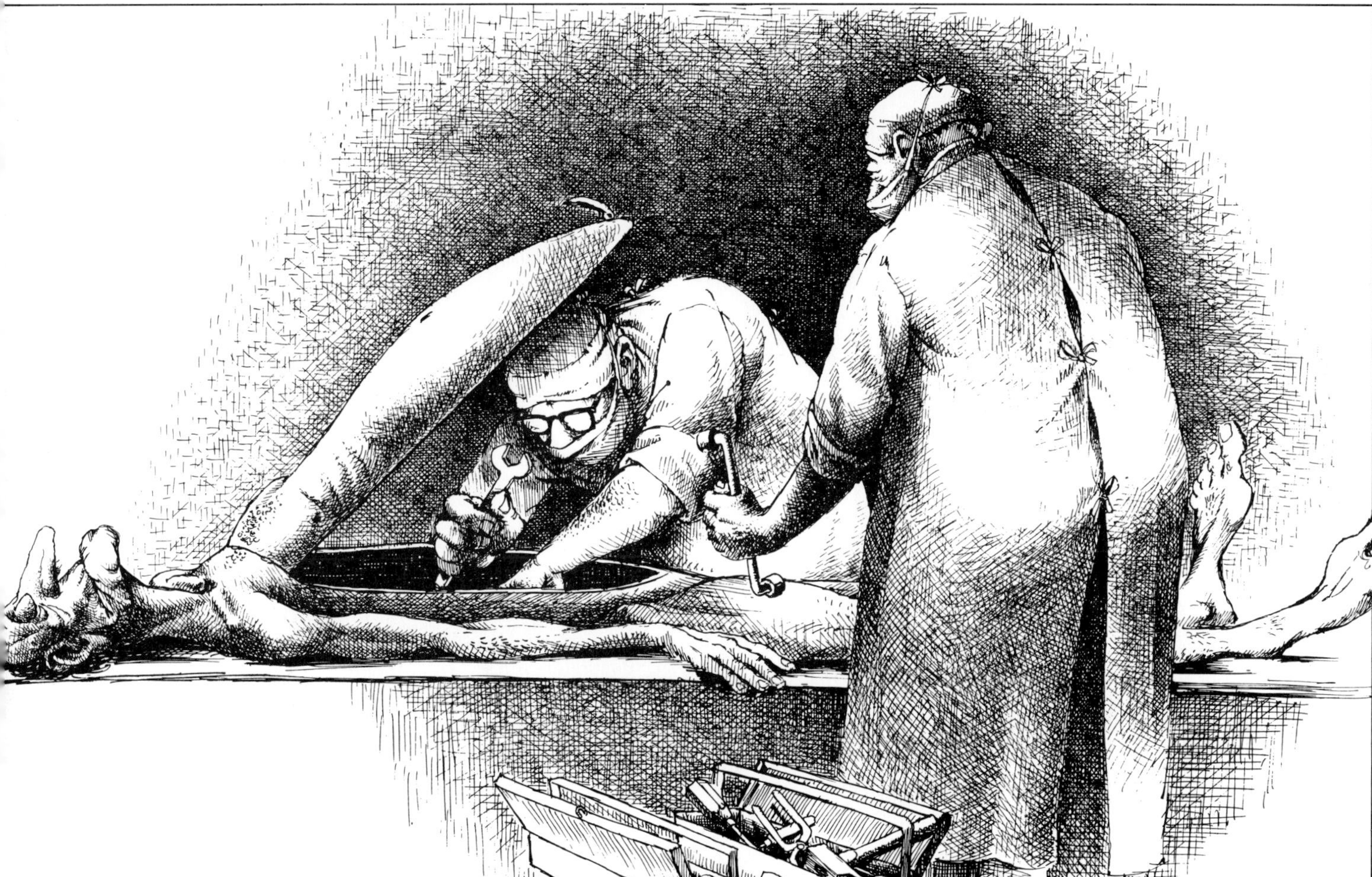
SEARLE

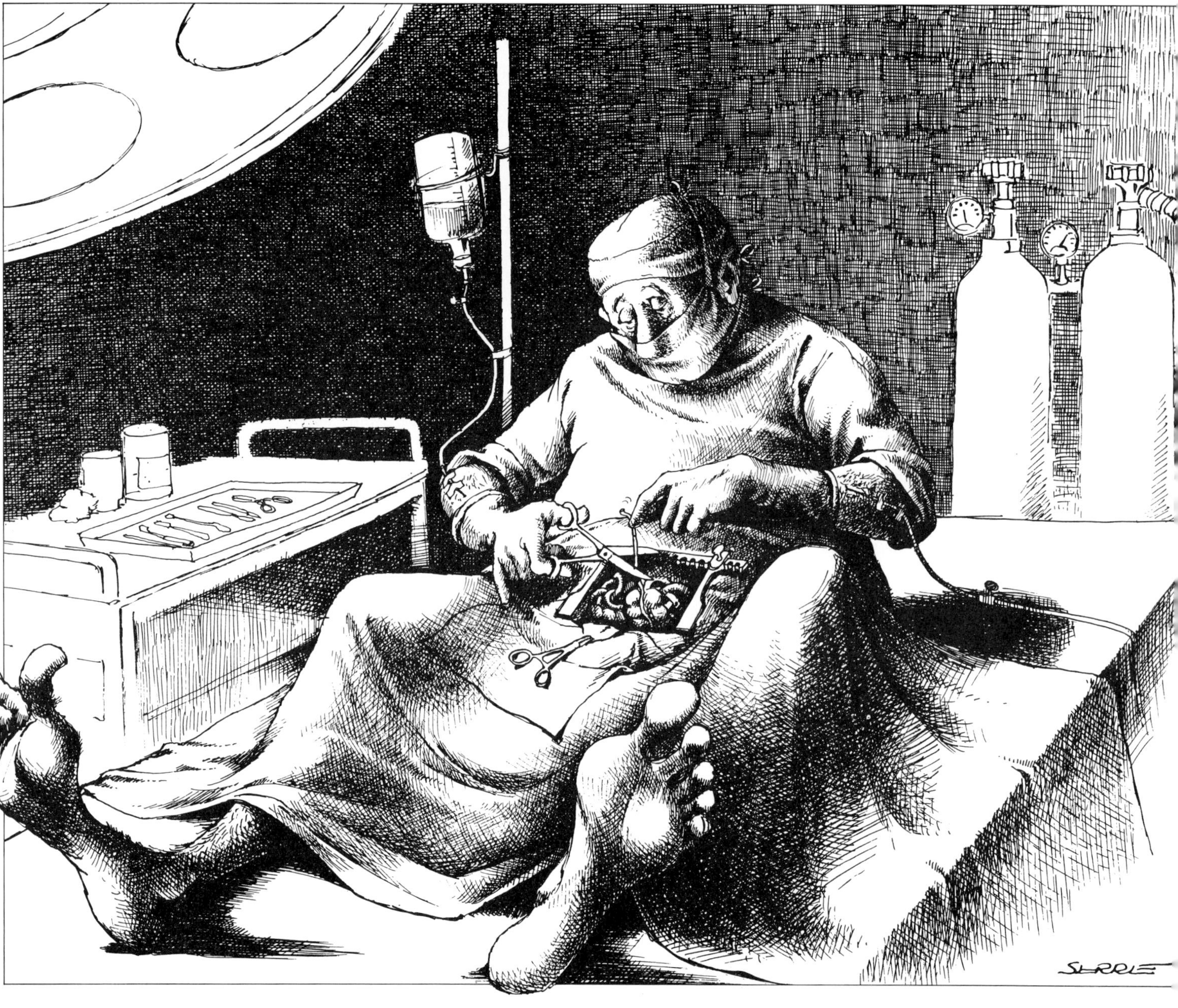

SEARLE

SERRE

H
RUHE
SEARLE

Pharmazie

LABOR FUR
BLUTANALYSEN
SERRE

APOTHEKE
Beachten Sie unsere Sonderangebote!
Großer Nachlaß auf Lebertran
ALLE Abführmittel im Ausverkauf
APOTHEKE

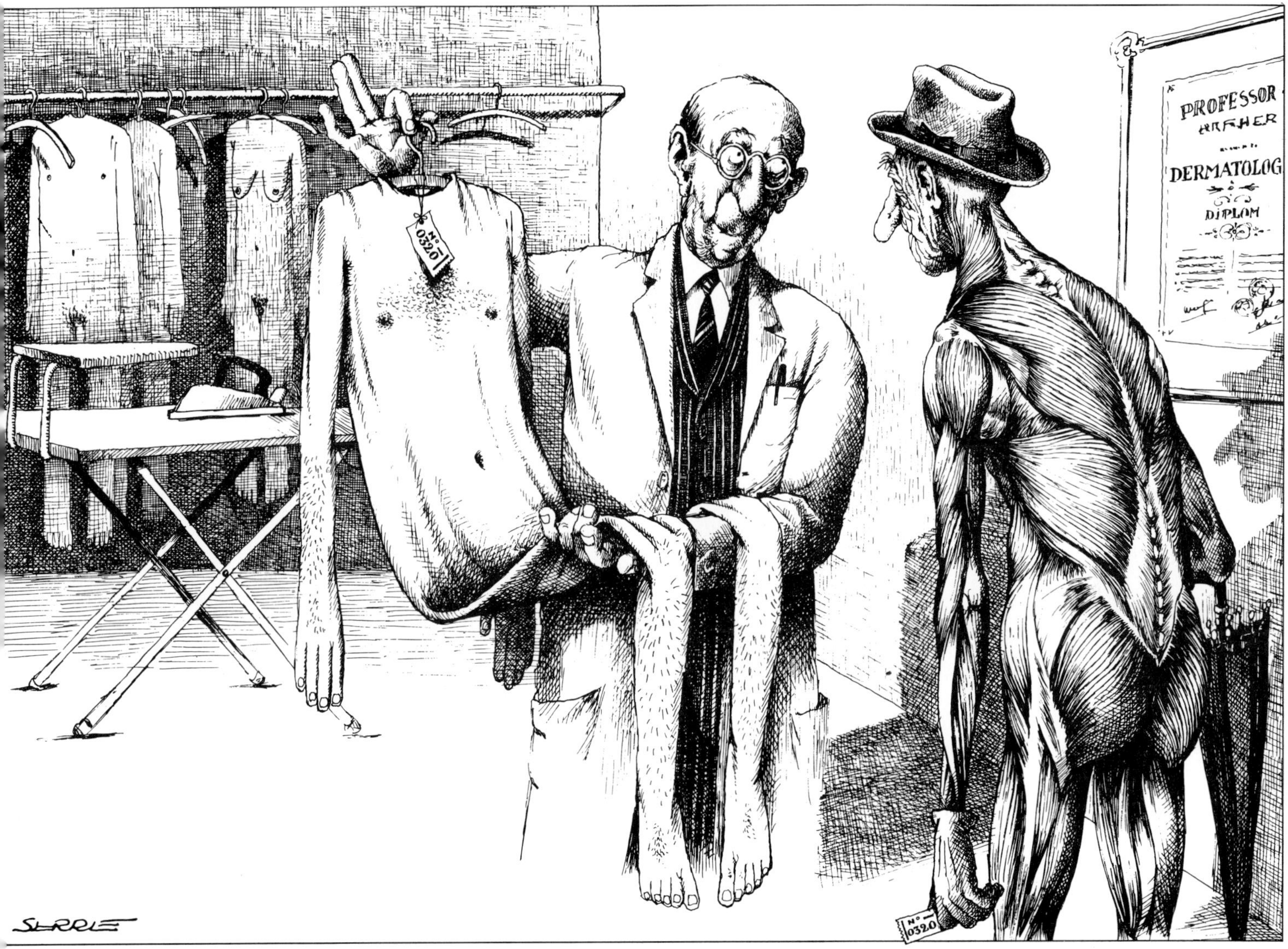
PROFESSOR
DERMATOLOG
DIPLOM
No 0320
No 0320
SERRE

...
..4891....
...4892..
...
Schlafmittel

ME
PAP
NIMMT
PRÄSER
VON
GROSSEX
SERRE

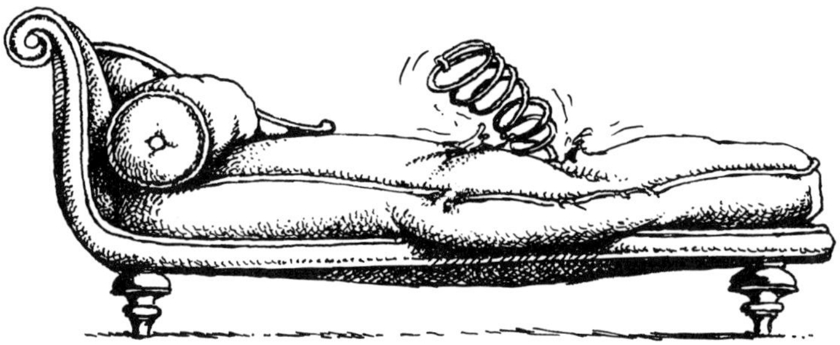

Psychiatrie

SERRE

SEARLE

SIGMUND FREUD
SEARLE

PROFESSOR
Beratungszeiten
PSYCHIATRE
CONSULTATION
15 h 30 à 19 h 30
& SUR RENDEZ-VOUS
SEARLE

Zahnheilkunde

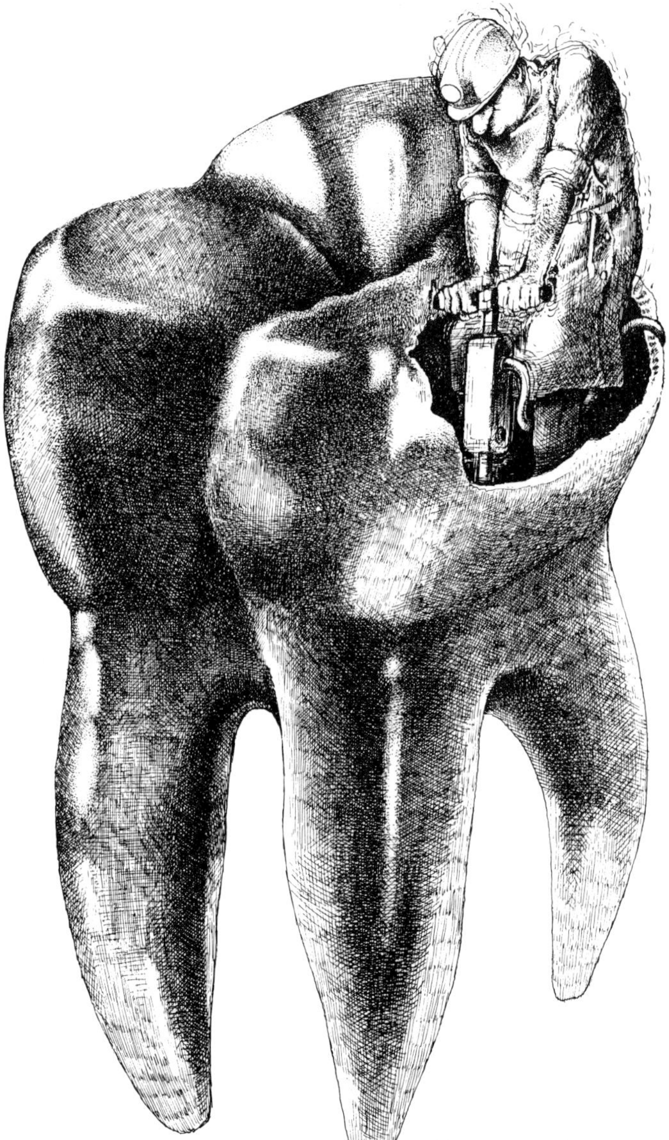
SEARLE

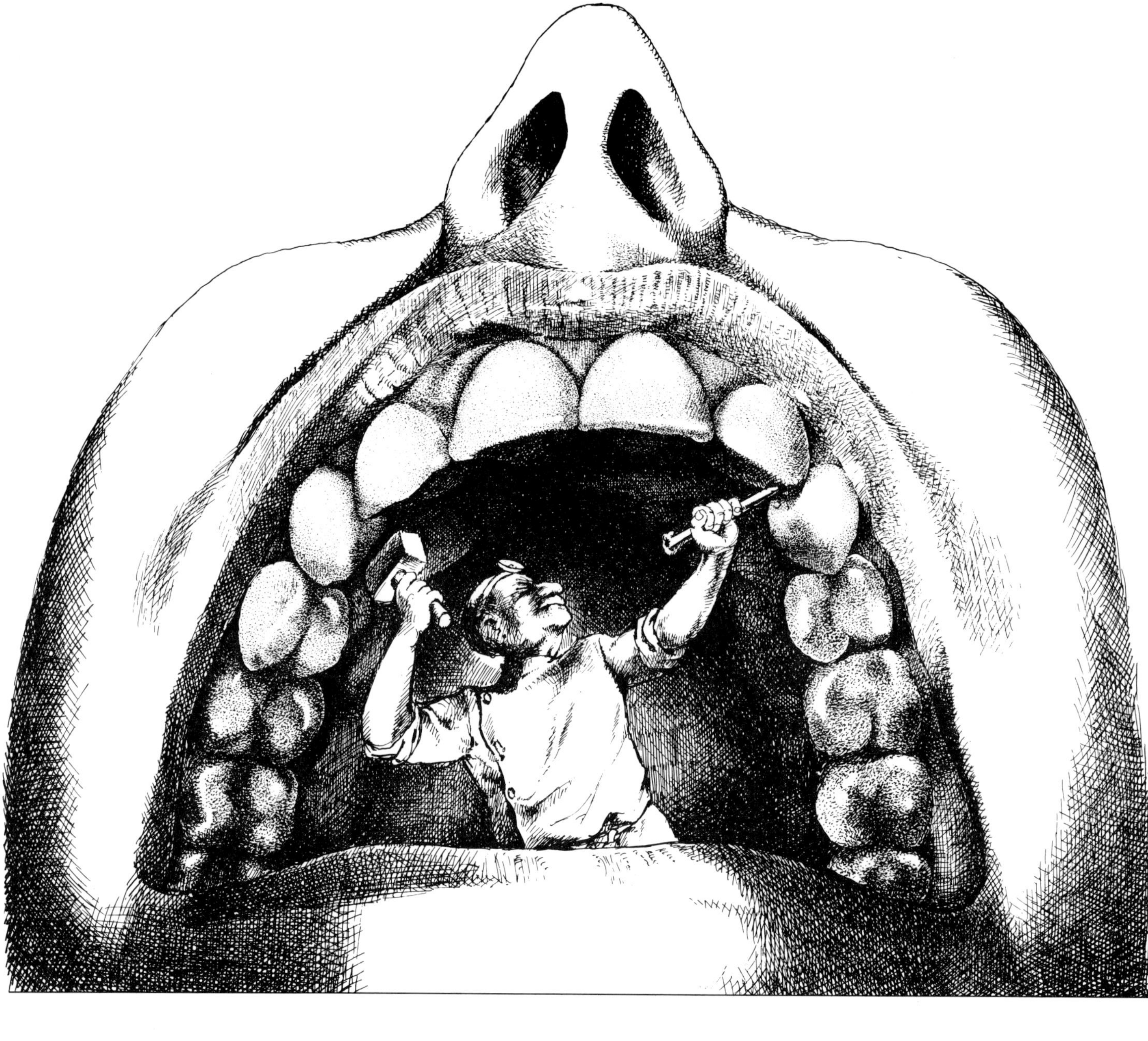

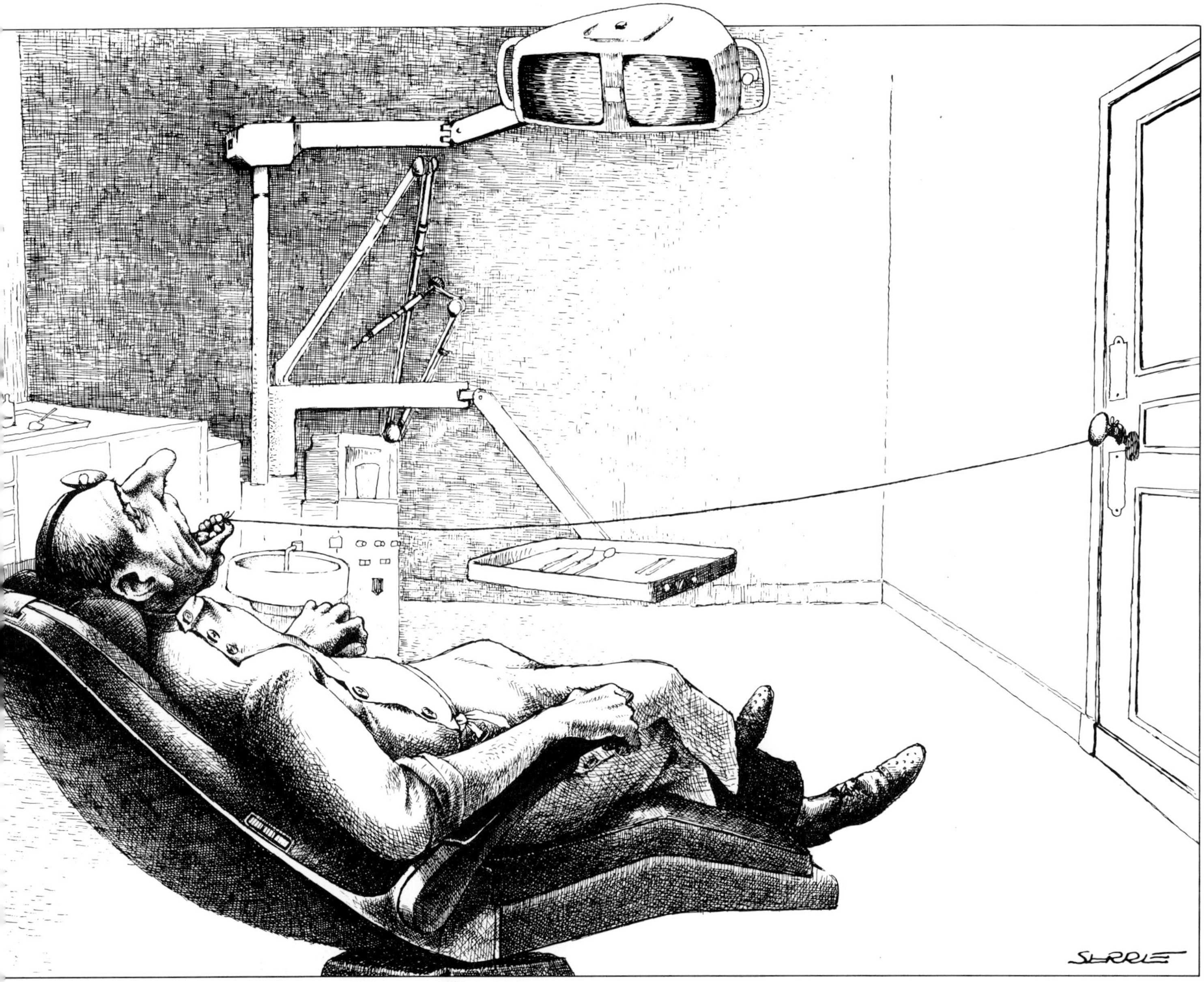
SERRE

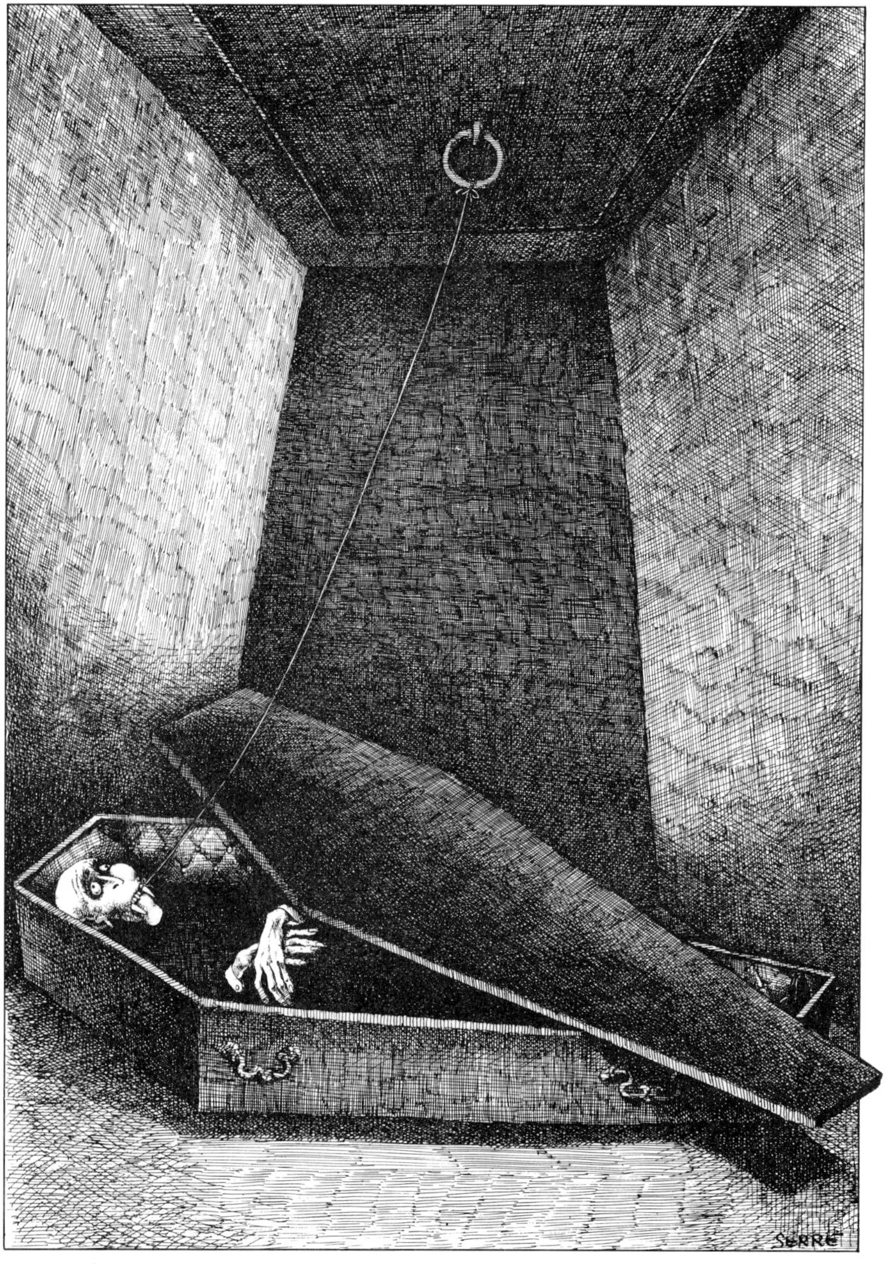
SERRE

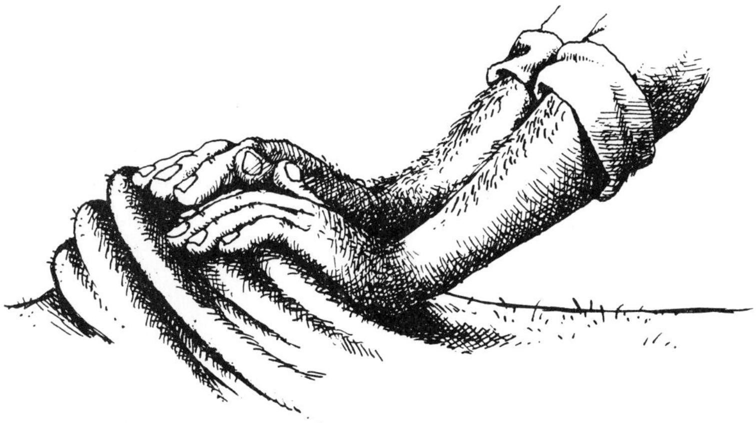

Massage und Heilgymnastik

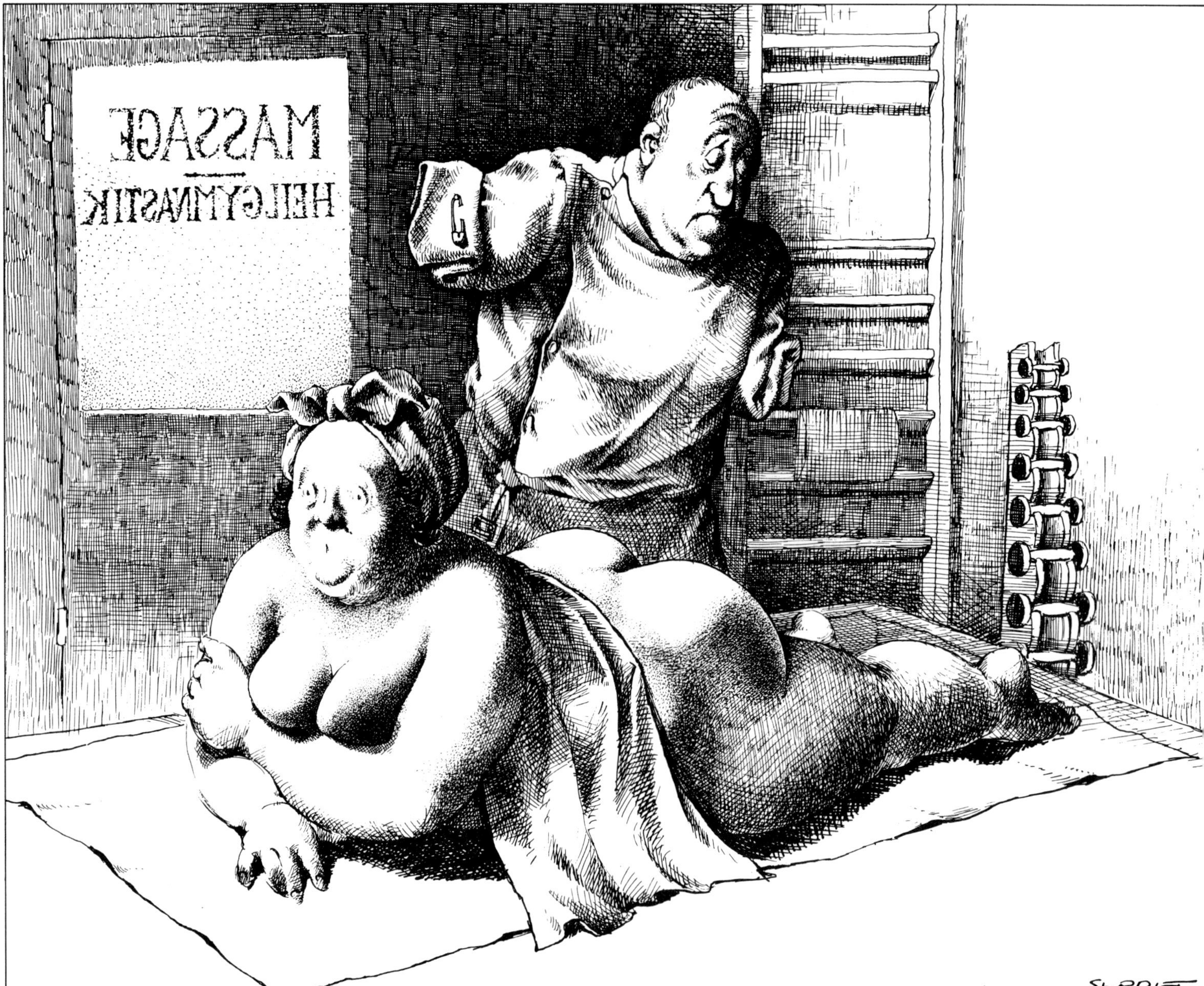
MASSAGE
HEILGYMNASTIK
SERRE

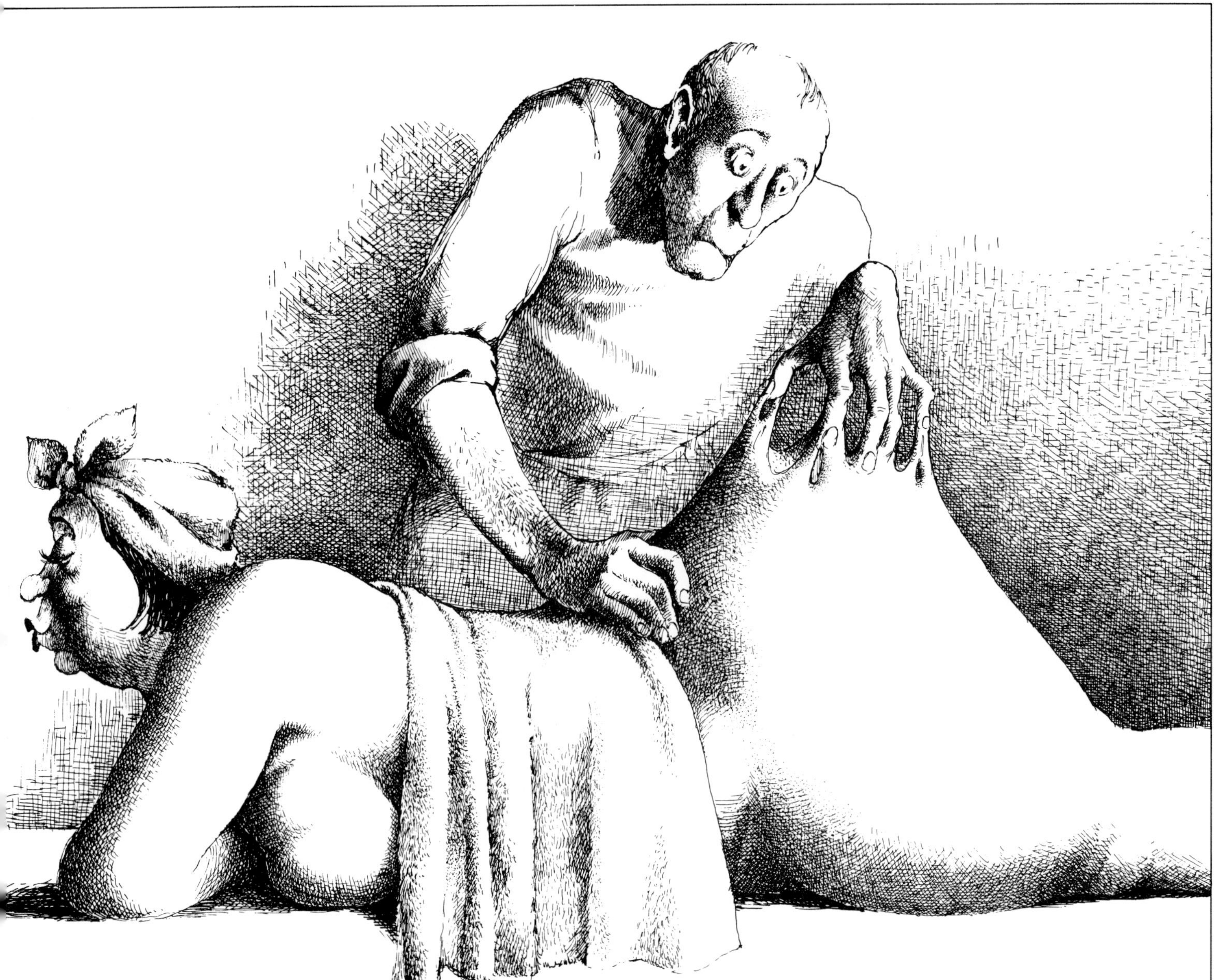
SERRE

Allgemeinmedizin

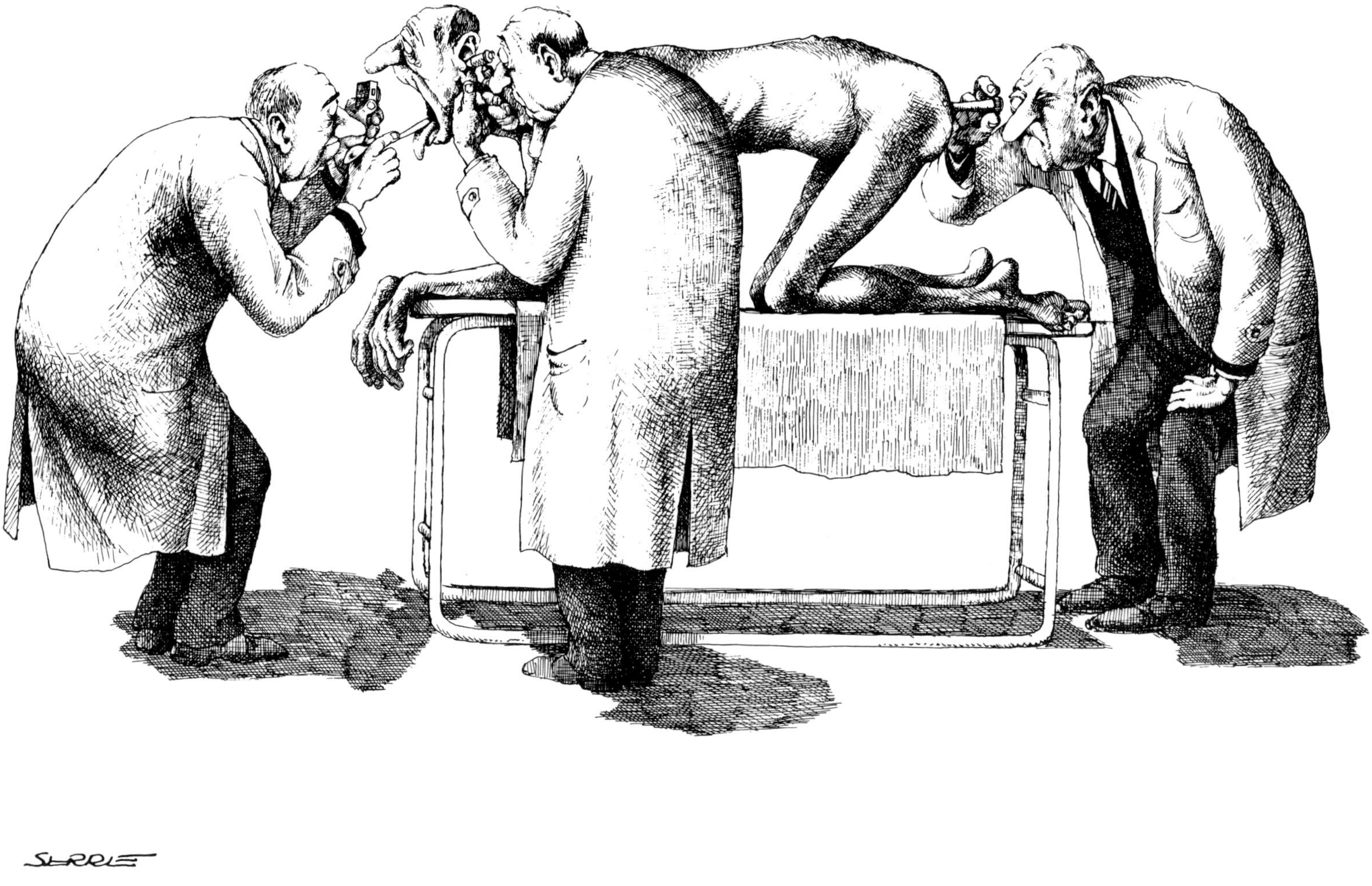
SEARLE

SEARLE

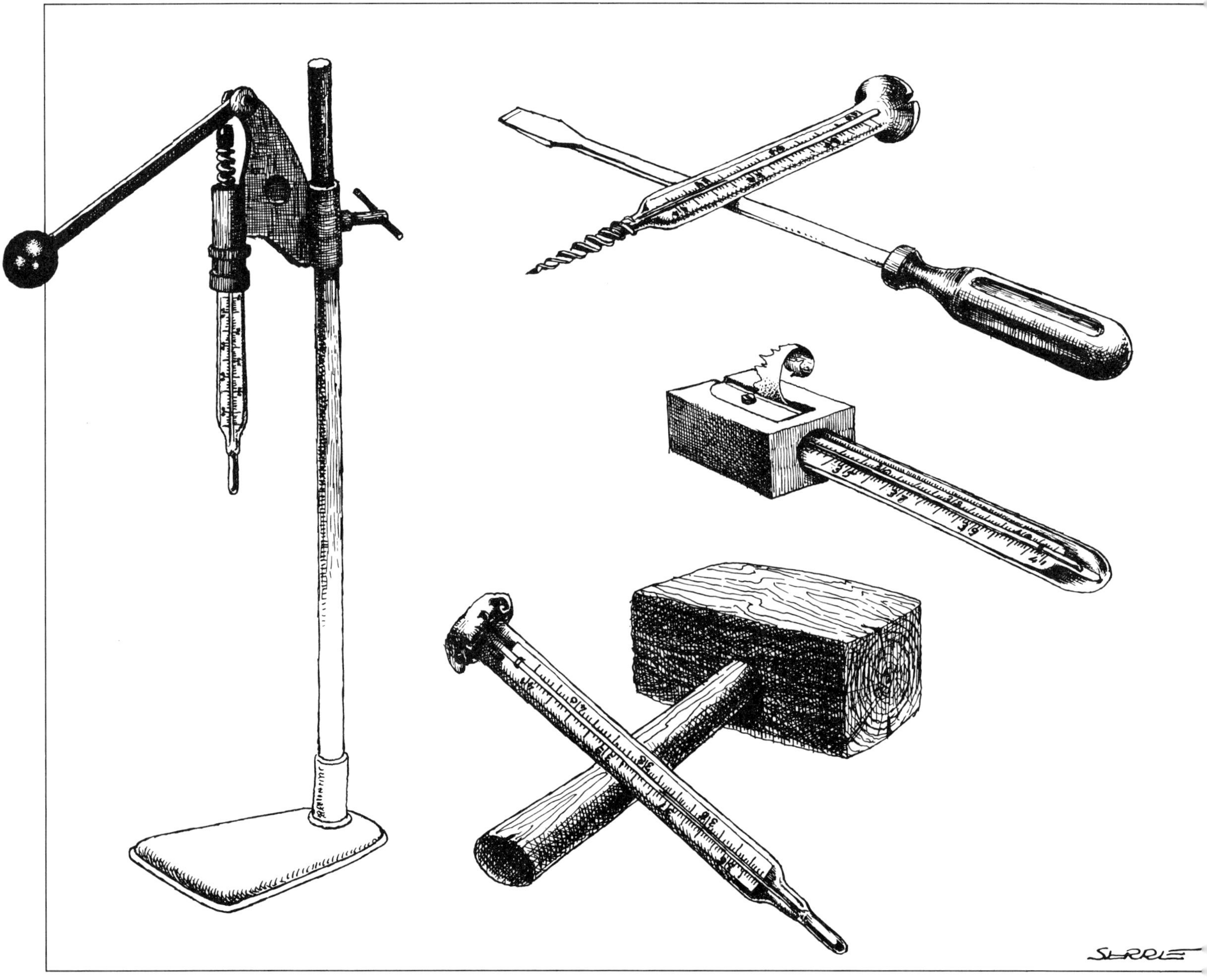

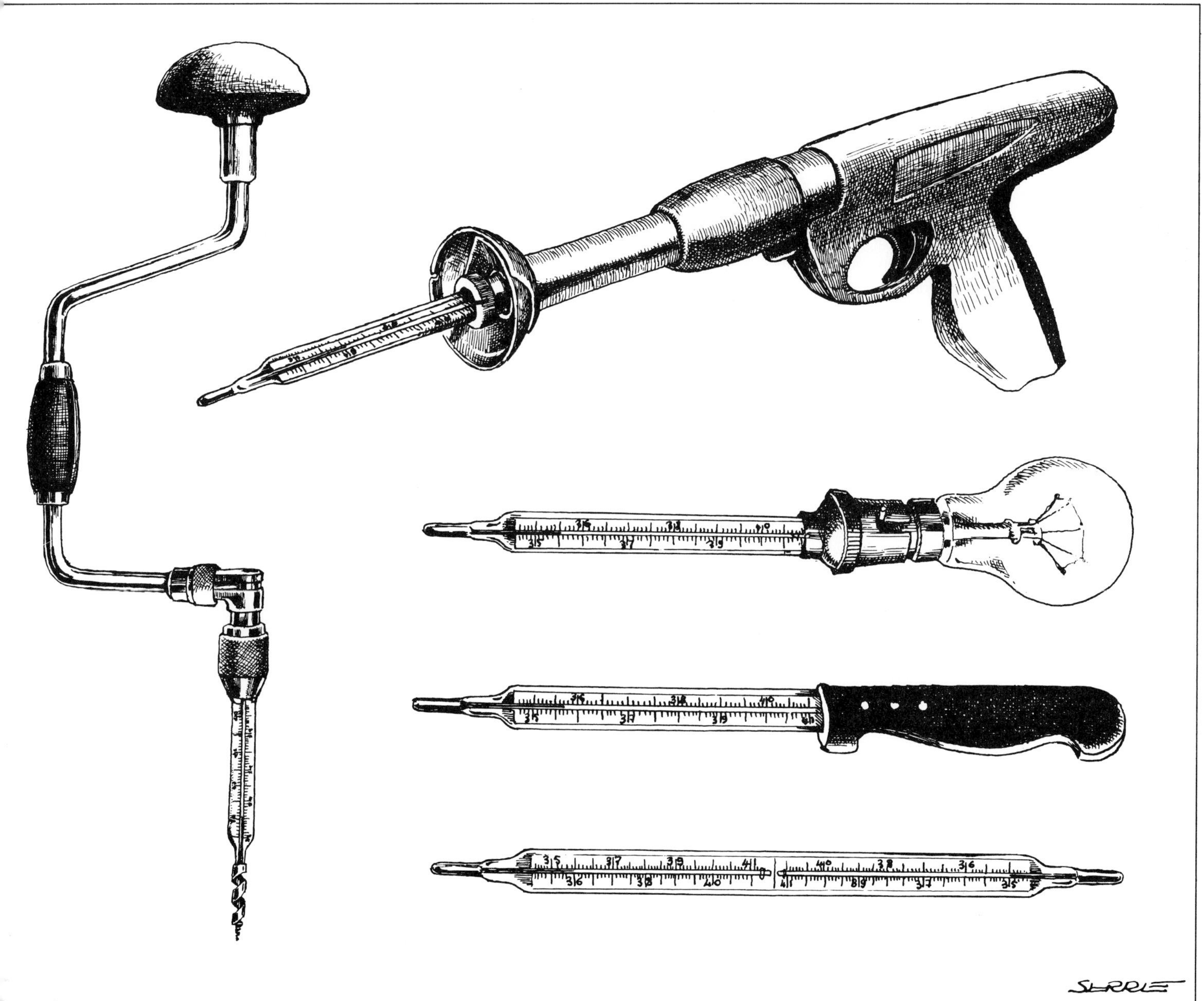
SERRE

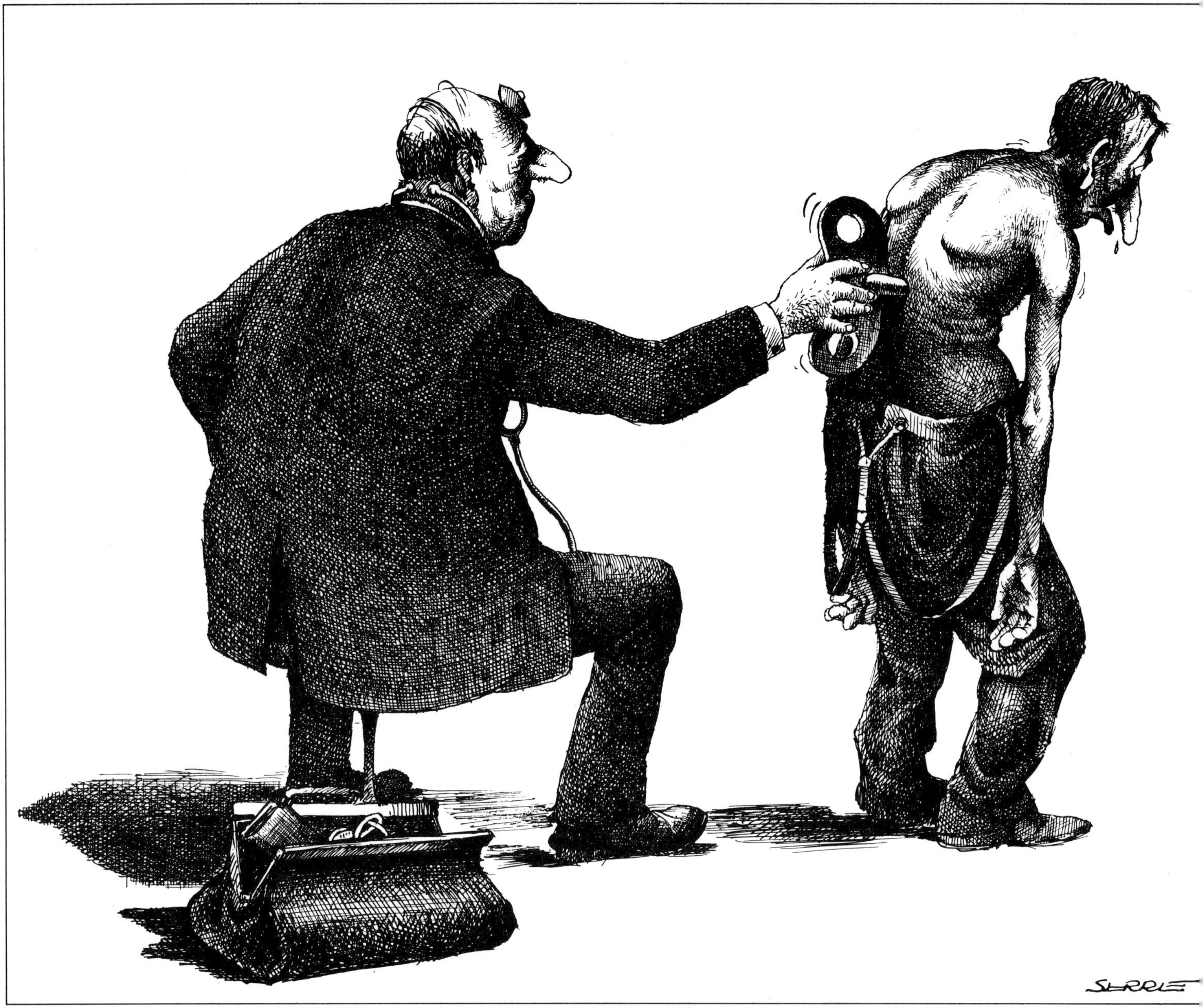
SEARLE

HRTYFUENCKOZD
DLVATBKUEHSN
RGYMOPMESPA
EXATZHDWN
YOELKEFDI
OXPHBZD
NLTAVR
OHSUE
MCF
ZU
SERRE

SERRE

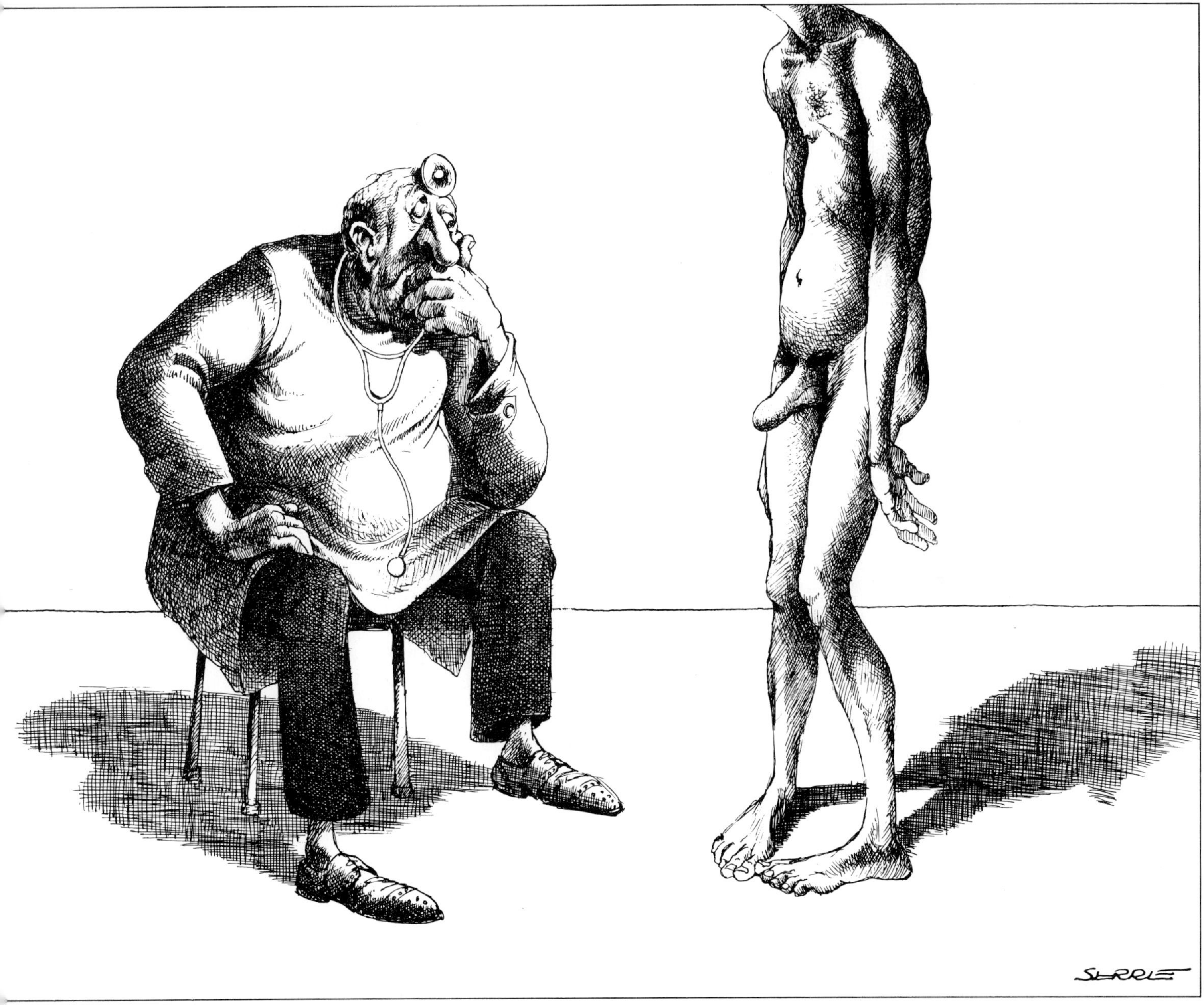

SERRE

Sagen Sie :
"A"

TIERARZT
SERRE

SERRE

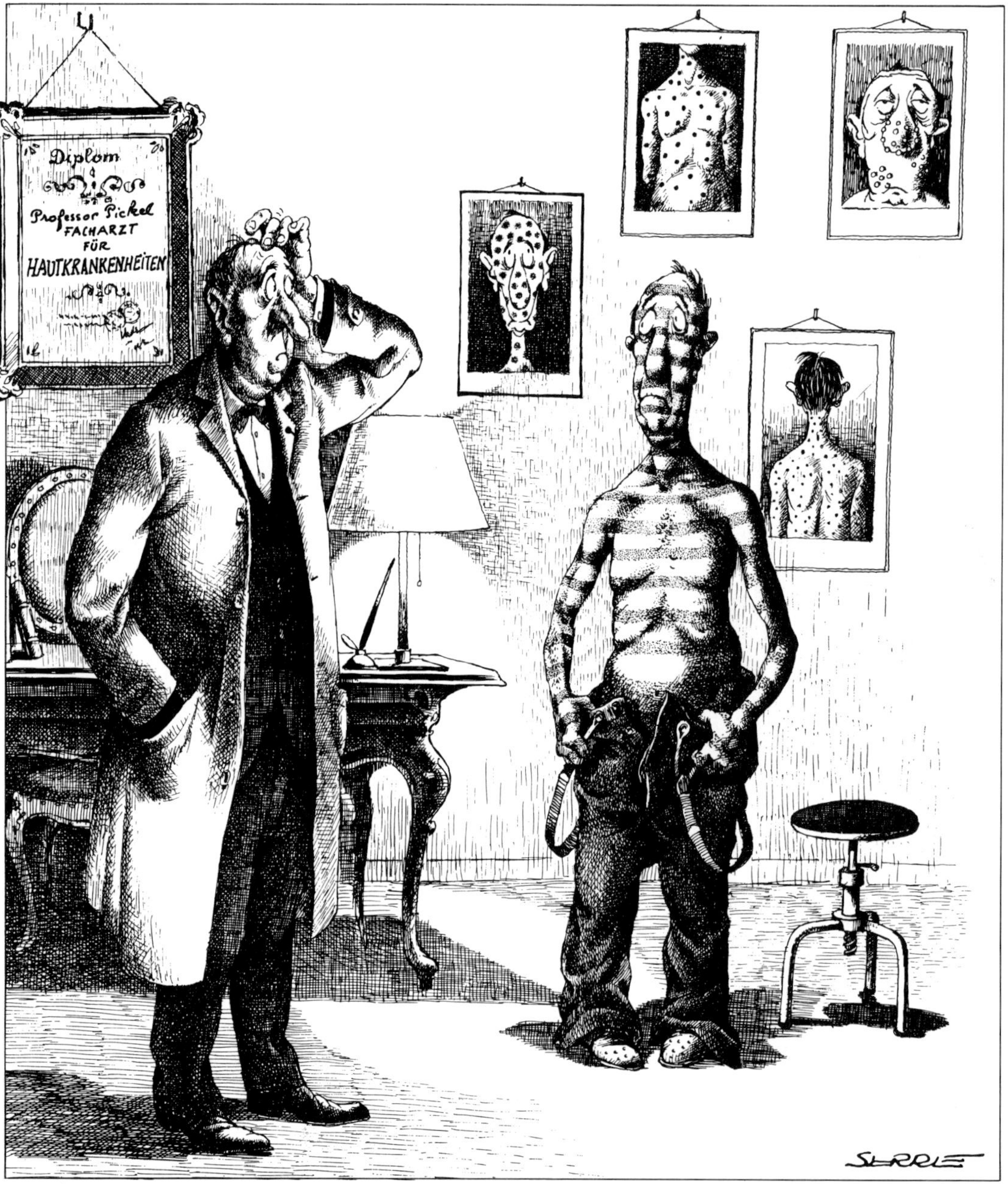
Diplom
Professor Pickel
FACHARZT
FÜR
HAUTKRANKENHEITEN
SERRE

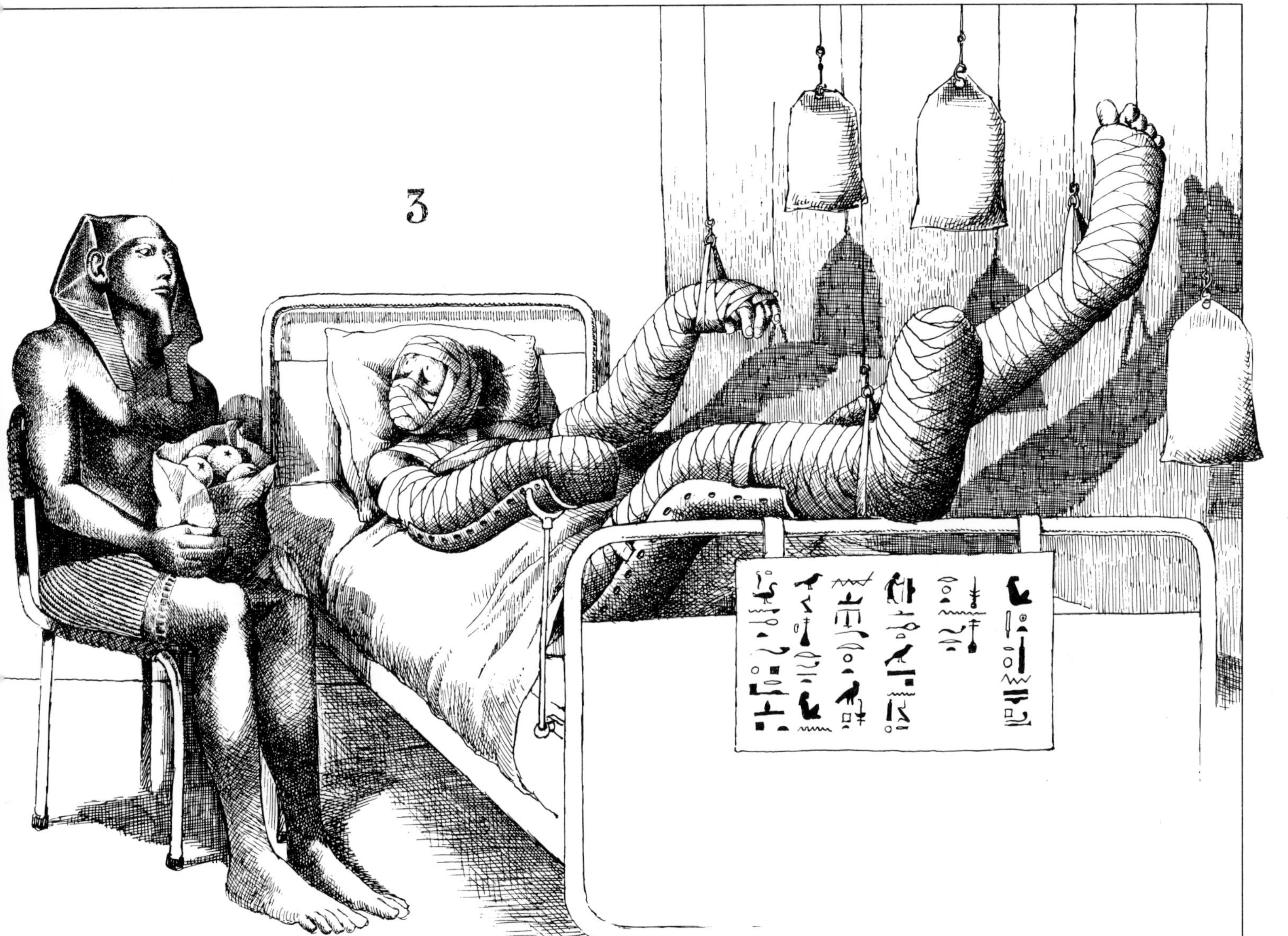
3
SERRE

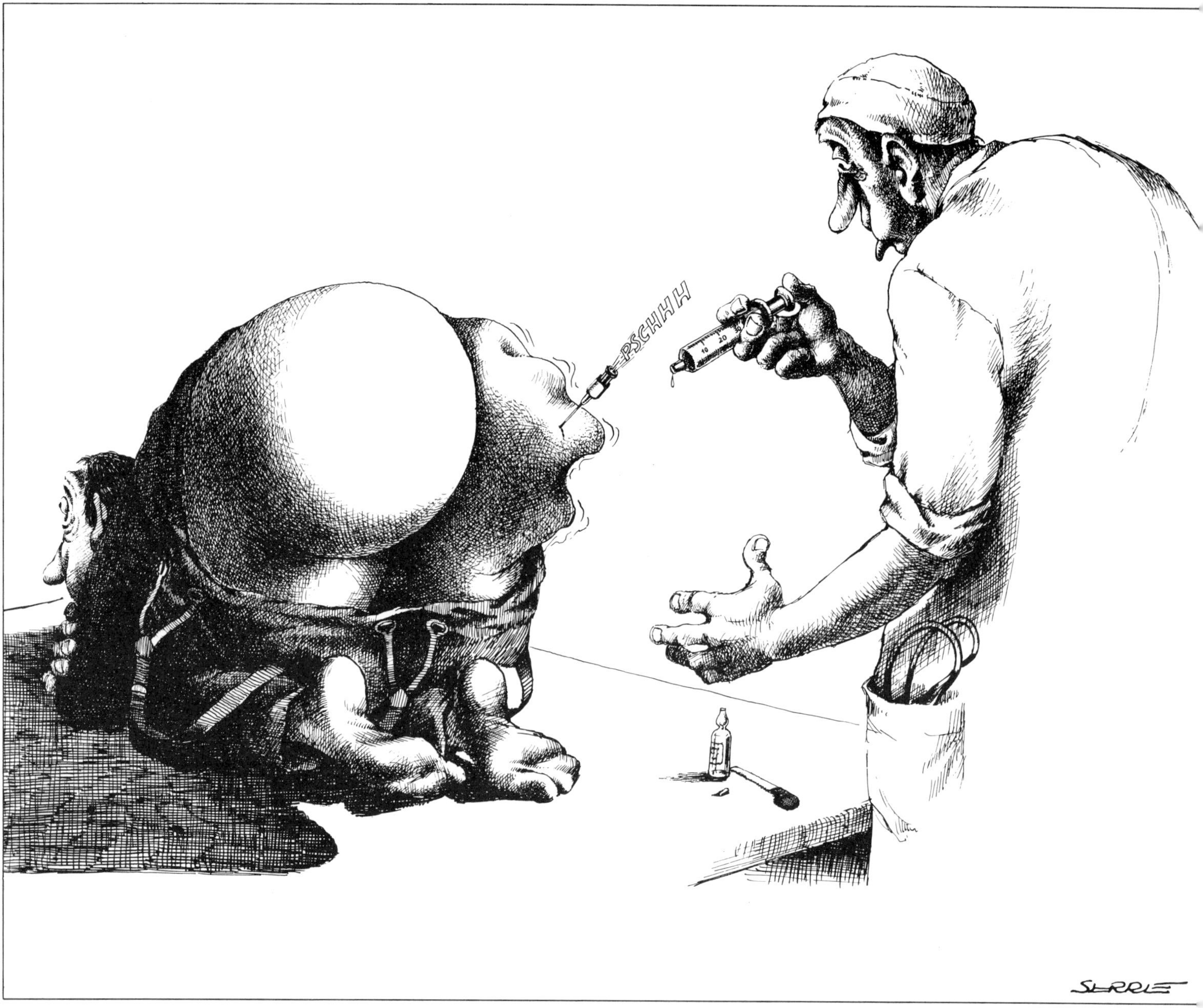
PSCHHH
10
20
SERRE

SERRE

SERRE

SERRE

Doktor Jenseits an der Überführung 21 Paris 8
Doctor Jenseits an der Überführung Paris 8.

Vom selben Autor in diesem Verlag erschienen :

WEIßE KITTEL - LEICHT GESCHWARZT
SPORTLER
AUTOS
NIMMERSATT
HEIMWERKER
REISEFIEBER
UNSERE LIEBEN KLEINEN
ALLER LASTER ANFANG
HAUSTIERE
DAS WÄR'S GEWESEN
RÜCKFALL

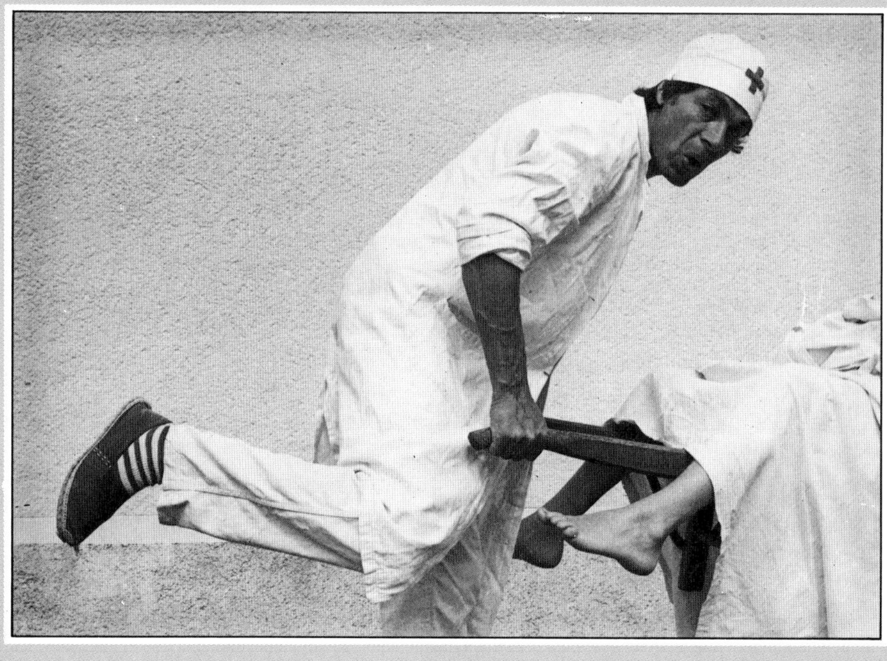

Photo Ludovic Serre